JN440290

나비가 지나간 자리처럼

김선용 시집

문학의전당 시인선
352

나비가 지나간 자리처럼

김선용 시집

문학의전당

시인의 말

한 남자가 지나간 길을
온몸으로 따라 갑니다.

나도 뒤에 오는 그 남자의
그 남자가 지나간 길이 되겠지요.

있는 길을 가는 것이 아닌,
길은 만들어 가는 것

내 몸에 길이 생겨
멀리서 오시는 분이 있습니다.

2022년 10월
김선용

차례

제2부

제3부

제4부

제1부

파라다이스 간다

과거를 추억하기에
사람은 슬픈 존재인가 보다

전철 타고
여의도 파라다이스 가는 길
승객들이 휴대폰을 귀에 대고 통화를 한다
귓속에서 무엇이 익어 가는지
더운 김이 모락모락 솟아오른다
펑펑 쏟아지는 함박눈처럼,
때로는 진눈깨비처럼 쏟아지는 메시지를 보며
저녁이니 길을 말아 집으로 간다는
늙은 여류 작가를 생각하며

지금, 나
파라다이스 간다

달과 소년

강물 같은 편지를 받았다

사랑을 훔친 소년
더 이상 자라지 않는
열아홉 소년의 순정이
저 눈발과 함께
소멸해 가고 있다

고통도 살아있어
죽어가는 것도 축복이라며
한 몸 부서지고 있다

배고픈 아이
기도하는 아이
간절한 아이

달을 따먹으려
노모의 집 쓸쓸한 안마당에서

때로는 천보산(天寶山) 내다뵈는
아파트 갈비뼈에 매달려
홍시처럼 오십일 년을 살아온 소년

이제 그 소년을 따먹은
흰 낮달이 지고 있다

얼음

물을 만나 녹는 것이 아니다
얼음은 스스로 녹는 법,
자신의 숙명임을 알고 있다

각(角)을 세워 보기도 하지만
스스로 물의 혀가 되어
자신의 귀를 핥는다

당신의 눈[目]에 속을 다 내보여도
무슨 대수랴

얼음은 그저 얼음일 뿐

저 얼음에는 뒷모습이 없다

양수리에서

보아야 볼 수 있고
들어야 들을 수 있다

눈앞에 보이는 길만을
길이라 믿는 자
길이 안 보이는 자

노을 지는 강가에 가
꽃잎처럼 눈시울 적셔 보라

지금보다 곱절이나 긴
바람에 흔들리는 그림자를
뜨겁게 껴안을 때

비로소 길은 시작되리니

냄새를 조문하다

자정 넘어 귀가한 아내가
늦은 식사를 하려 오징어국을 가스불에 올려놓고
그만 잠이 들어버렸다
오징어국은 끓는 국이었다가
뜨겁다고 뜨겁다고
냄비에 자지러지게 엉겨 붙었다가
형체도 없이 새까맣게 타버렸다

감당키 어려운 오징어의 징한 냄새가,
밖으로 나가지 못한 내음이
집 안 곳곳에 아픔처럼, 묵은 빚처럼 달라붙었다

매캐한 냄새여,
너도 세월이 지나면 사람처럼 늙어갈 것이다
슬픈 눈을 하며 나와 아내와 아이들을 훔쳐보다가
늙어서 죽을 것이다
흔적도 없이 사라질 것이다
가족처럼 함께 붙어 있다가

홀연 사라질 것이다

아내의 피곤은
오징어의 골수와 피를 화장(火葬)했지만
죽어가면서 토한,
오징어의 마지막 숨결을 걷어가는 것은
이제 세월과 창밖에서 불어오는
저 바람의 몫이다

사과(沙果)의 말

썩은 사과 하나가 말하고 있네

보셔요,
당신 그리다가,
해바라기하며 붉게 붉게 그리워하다가
삭힌 속울음
검게 곪아 터진 가슴입니다

썩은 사과 하나가
온몸으로 말하고 있네

기억

테이블에 둘러앉아
칫솔질하듯
맨살로 밤의 이빨을 하얗게
마찰하였다

그 시절,
푸른 기억의 혀가
이빨 사이로 쏟아져 나왔다

너와
나의
잔(盞)이 찰랑거렸다

임진강가에서

사랑과 그리움만이
시공간을 초월할 수 있다

우리들의 슬픔은 저 강처럼 끝이 없기에
잃어버린 것에 대하여
노래한다

나를 사랑했고
내가 사랑했던 여자가
'멈추자 비로소 보이는 것들'이란
문패를 달았을 때
내가 머물던 임진강가 여인숙은

여인, 숙(淑)이 되었다

마지막 지각생으로
강가에 왔을 때
저녁 강은 나를 가르치고

노을은 스승의 눈처럼
강에 잠기고 있었다

해일경보

북상 중인 무이파*
태안 바다에 해일경보가 내려졌다
온전히 서 있는
살아있어 슬프고 고맙고
아프고 이쁜 모든 것들이
머리 풀고 울다가 휘청이다가
더러는 스러지고 누웠다
내 마음에도 태풍경보가 내려졌다
혈관과 심장의 피가 범람한다
가슴속에서 굽이치는 파도여
달도 서러운 밤에 듣는
들짐승의 피울음이여
바다로 가서
파도에 흠뻑 두들겨 맞고 싶다
비바람에 흩어지는 자두 꽃잎으로
너에게 가고 싶다

---

*무이파: 서양 자두꽃.

태풍경보

강력 태풍 무이파 북상 중
곱사등이 서러운
울 엄니 집 마당가
흐린 눈에 토끼 같은 귀를 세우고
아침이 왔다

밤새 미친 듯 휘몰아치던 비바람에
반쯤 스러진 감나무에서
억장 무너지는 글귀 하나 보았다

'나 슬픔에 미치다'

아직 여물지 않은
파릇한 꼭지감들이
하나 둘 눈물처럼 떨어지고
대롱대롱 매달린 몇몇 녀석은
입술 시퍼렇게 떨고 있었다

내가 사랑하는, 나타샤는 계실 것입니다

나를 나비리본으로 묶어
자신에게 선물로 보내라는 그녀,
나타샤

나비가 지나간 자리처럼
너도 그랬구나
나도 그랬다

홀로 길을 걷다가 흘린 말들을
배고픈 햇살들이 쪼아 먹고 있다

어제는 길의 손을 잡고 걸었으니
나타샤,
오늘은 너의 손을 잡고 걸어야겠다

가슴에 남아 영원히 피는 꽃처럼
매일 뜨고 지는 저 달처럼

그렇게
그렇게

나타샤,
나는 너를 생각한다

슬픔

어느 작가로부터 온 문자 메시지가
비 때문에 연착하였다
초야(初夜)를 치룬 초여름의 날씨
비 맞은 문자 메시지의 가느다란
목이 떨린다

슬픔은 언제나 공기보다 무거워
아래로 아래로 내려간다
엄청난 공기의 부력(浮力)에도 가라앉는다

하류로 내려가는 아픔의 또 다른 이름
흐르고 떨어지고 농울 져 휘어드는 모든 것들
슬픔은 아래로 향한다

미소

어둠을 몰아오는 서풍에

너의 입꼬리가 흔들린다

입꼬리에 매달린 내가 흔들린다

태안 신두리 사구(沙丘)에서

—고 김용균 군을 추모하며

2016년 5월 28일
지하철 2호선 구의역 9-2 승강장
스크린도어를 수리하다 전철에 치인,
이름도 밝혀지지 않은
외주업체 직원 1997년생 열아홉 살 김군

컵라면
두 단어에 울었다

태안 화력발전소
컨베이어벨트에 몸이 끼어
꿈처럼 목이 잘리고 몸뚱이만 남아 닳은
스물네 살 용균 씨가
발전소 굴뚝 연기가 되어 하늘로 날아가는구나

우리는 불량식품
쓰다가 버리면 되는 젓가락
컨베이어벨트에서 떨어진 낙탄(落炭)

당신들은 백정(白丁)
우리는 백성(百姓)
이제 당장 죽음의 굿판을 접고
비수(匕首)의 한 획을 거두어들이라

컵라면
두 단어에 다시 운다

너희 나이만큼이나
아프다 말할 수 있는 순간조차 없이
정규직이 될 꿈에 고통도 느끼지 못한 채
삶과 죽음을 오갔구나

흐르는 줄도 모르게 흘리는 것은
언제나 피였다
죽음은 피로써 끝나지만
창조는 피로부터 시작된다

원청, 하청, 위험의 외주화
산업안전보건법 전부법률개정안
끓는 침묵의 단어들 사이로
검은 눈물은 하늘로 흐르는구나

언제까지 나비가 되어야 하는가
언제까지 촛불이 되어야 하는가
언제까지 물결이 되어야 하는가

태안은, 더 이상 아름답지 않다

이 땅은 영원한 모래언덕이다
그 어떤 수식(修飾)의 단어도,
사랑과 목숨이 필요치 않는
바람이 분다

내가 사랑하는, 나타샤는 계실 것입니다 2

선물처럼 너에게 가고 싶다

무슨 말이 필요하겠는가

밤새 뒤척이다가
시(詩)가 된 내 몸은
생각의 글자들이며 글자들의 생각이다
밤 커피 향이며 영정 앞에서 우는 향(香)이다

이제
나를 흘리고 간 새벽을 따라
너에게로 흘러가
아침처럼 덮치고 싶다

소와 바다

오늘은
소가 되어
여물을 씹듯
시(詩)를 되새김질하면
입에서 바다가 흘러나올까

네가 보는,
두 개의 흑진주 알 너머
반짝이며 넘실거리는 것은 무어냐

제2부

낮달

나의 속눈썹 끝에
눈물처럼 매달려 있는

너무 멀어
마음의 눈으로나 비로소 보이는 얼굴

분명 그런 사람이 있다

사랑
— 채연(彩娟)에게

2박3일 강원도 횡성으로 여름성경학교 수련회를 간 아홉 살짜리 둘째 딸아이에게서 전화가 왔습니다

빗방울처럼 울먹울먹 끊어지는 소리
습하고 뜨거운 너울로 오는 소리
아비의 눈을 흐리게 하는 소리

아직 일어서지 못한 꺼이꺼이 고부라진 단어들이 수화기 안에서 몸을 떨고 있었습니다

사랑 2
— 채린(彩潾)에게

다치지도 말고
아프지도 말아라

너는 내가 꿈꾸는
소박한 밥상 위 숨 쉬는 밥알들의 딸이다

너는 내 굽은 등에서 빛나는 저녁 햇살이자
노을의 딸이다

너는 새벽녘 떨리는 입술로 무릎 꿇고 기도하는
바람의 딸이다

너는, 이슬의 눈을 가져 슬픈
시인(詩人)의 딸이다

자전거

물 한 병을 들고
늙은 자전거를 굴리며 부용천에 나왔다

바람이 분다
생수 한 병은 내 목을 적시지만
저 바람은 뼈마디를 적시고 가슴을 후벼판다

나도 저 바람이고 싶다

오늘은 자전거가 주인공이다
쓰러질듯 쓰러지지 않는 저 외로움
천변(川邊) 억새의 울음처럼 흔들려야
페달을 밟아야
너에게 갈 수 있다

중랑천을 따라 부용천으로
부용천을 따라 다시 중랑천으로
바·람·이·분·다

다시 페달을 밟자

이제 자전거는 움직이는 느낌표다

울 엄니

고추밭 마늘밭
ㄱ자로 고부라진
곱사등이

밭고랑에서 한평생
인생을 읽어도 읽어도
까막눈 울 엄니

어디선가
소쩍새가 운다
가 갸 거 겨
고 교 구 규

엄니 등 뒤로 여든넷 고개
고부라진 해가
고추밭 마늘밭 맵다 맵다
노을로 운다

채린(彩潾)

— 오늘은 ㅂ, 내일도 ㅂ

그 다사롭던 오후의 볕들은

밤이 되자 모두 별이 되었단다

그러니 슬퍼하지 말아라

너랑 나랑은 닮았다

오늘 아무것도 먹지 못한 입에

두 귀가 새싹처럼 자라더니

ㅂ이 되었다

오늘은 내가

그 ㅂ을 베고 눕는다

짜장면

어린 두 딸과
짜장면을 시켜 먹었습니다
어린 시절 600원 하던 짜장면은
웃음이자 눈물이며
주님이고 구세주이며
꼭 한 번 만나고픈
긴 머리 여자친구였습니다

운 좋으면 오랜만에 읍내 장 서는 날이나
생일이나 졸업식 때만 먹을 수 있었습니다
어쩌다 쏟아지는 빗줄기나 소나기가
온통 검은 짜장면 가락이었으면 좋겠다는 생각에
먼 산 보며 어린 들짐승처럼 배시시 웃었습니다

짜장면은 사랑이며 그리움이었습니다
목숨처럼 가는 실눈 뜨며 바라보는
바다이면서 하늘이었습니다

서럽고 서글픈 사십 대 중반
짜장면처럼 그립고 사랑하는 사람들이
많이 생겼습니다
당신을 짜장면처럼 사랑합니다
검은 그리움 가락 후루룩 곱씹고 되씹으며
양파, 양념, 찌꺼기까지 다 비운
저 짜장면 그릇,
꼭 내 맘 같습니다

하늘로 띄우는 어느 머슴의 가을 편지

하늘님,
팍팍한 이 땅에도
회색 콘크리트 골목길에도
홍부네 박 같은 노오란 달 좀 주소

아그들 열 넘어 난
윗집 봉선네 궁뎅이짝 같은 달 좀 주소
근심, 슬픔, 외로움, 그리움으로
바싹 마른 우리네 가슴팍에
한 번만 떡하니 얹어 주소

배부른 사람들,
기름진 음식 푸지게 먹을 때
배고픈 자들 둘러 엉겨 달덩이라도 파묵게
당신의 짝붕알 같은
달덩이 하나만 내려주소
하늘님

겨울 편지

곧 눈이 내릴 겁니다

하늘 바라보는
당신의 이마 위로
때로는 땅에 떨군,
갈대꽃처럼 희고 긴 목덜미 위로

당신의 낱말들도 곧 쏟아질 함박눈처럼
하늘에서 쏟아져 내려와
펑펑펑 울고
빵 터지게 웃었으면 좋겠습니다

이 겨울,
조금은 하얗게 하얗게 아파도 괜찮겠습니다

그대의 마음을 그때 보았더라면

사람들은 눈을 보면
그 사람을 알 수 있다고 하지
거짓말이다

사람들은
그 사람의 행동을 보면
그 사람을 알 수 있다고 하지
거짓말이다

마음을 보아야 그 사람을 알 수 있다
사람의 마음은 느낌으로 볼 수 있다
느껴야 볼 수 있다

마음을 먼저 갈고닦아야
비로소 타인의 마음을 볼 수 있다

에베레스트보다 높고
수심 250미터에 달하는,

세계에서 가장 깊다는 콩고강보다도 깊은
그대의 마음을 그때 보았더라면

지금처럼 아프지 않았으리
지금처럼 그 무엇에 눈멀지 않았으리

시작(詩作)

밤새
지친 새벽달이
원고지 위에 엎디었다

그리움의 냄새가 난다

살아야겠다,
달의 뼈가 일어선다

선생님

단풍(丹楓)의 그림자는 사랑
나는 너희들의 그림자

그래서
오늘도 아프고 밝고 어둡고 고뇌한다

함께 가자, 이 길을

나에게 북한산 둘레길은
서른일곱 개의 별들이 만든 새로운 길이다
늦가을, 초겨울에 씨 뿌린 꽃길이며
스무 살의 숲으로, 바다로 가는 오솔길이다
별들이 빛나는 것은 별과 별을 바라보는 자가
꿈을 꾸기 때문에 빛나는 거다
숨을 쉬기 때문이다
별은 하늘에만 떠 있는 게 아니다
별은 우리가 걷는 이 길에도 있다
걷는 자여, 발밑을 보아라
움이 트지 않느냐
우리들은 어린 날 밤하늘의 별을 멀리서 보았다
이제 너희들은 이 길을 지나 그 별이 될 거다
희망이란 이름으로 꿈에 다가갈 거다
미래는 오는 허상(虛像)이 아니라
지금 걷는 이 길을 걸어감으로 너희가 만나야 할 실체이다
그 무엇이든 흠뻑 젖은 자는 다시 젖지 않는다
이제 환장하도록 그리워질 저 겨울 햇살에,

살아있어 부는 바람에
너희들의 속눈썹을, 머릿결을, 마지막 솜털을
젖은 녀석은 말려 보고 마른 녀석은 다시 적시며
함께 가자, 이 길을

시(詩)의 고백

언어(言語)가 나를 지고
말을 타고 간다

언제나
하늘과 바람에 먼저 닿는 것은
얼굴이다

잠자는 혀의 얼굴을 내밀어
말하고 싶다

가난한 날에

시간의 밥을 먹고
밤이 자고 있다

잠자는 밤을 깨워
함께 길을 가다가

흔들리지 않아야 하는 것이 흔들려야
흔들림이라는 것을 생각하며

남루한 어느 사찰(寺刹)을 지나
정년퇴임한 스승의 시골집
금잔디 뜨락에 이르러 입을 벌리면

피죽도 못 먹은 오후의 햇살이
피식피식 웃으며
죽처럼 쏟아진다

가슴이 아프다

너의 눈을 보며 말하면
용광로처럼 녹아내릴 것만 같아

차마
말 못하겠다

나는 입과 혀가 있는 벙어리
말할 수 있는 벙어리

잘 보아라
'여기'가 아프다

제3부

그림자의 역설

노을을 등지고
긴 그림자 앞세워
길을 갑니다

나는
저 지는 해의
더듬이입니다

발목에도 심장이 있다

아픔이 있는 곳에
앓는 심장이 있다

2015년 6월
발목으로 내려간 심장은
복숭아뼈 아래
쌍봉낙타처럼 봉분을 만들어 들어갔다

오른쪽 발목에도 심장이 있다

뛰어야 하지만 뛰지 못하는
늙은 피가 도는 심장이
발목에 있다

새벽

밥숟가락을 놓은 어둠이
공복의 위장에서 서성일 때
내 이마에 아직 남아 있는 몇 터럭
솜털의 숨결이
새벽을 부른다

살아 있다는 건 깨어난다는 것
이제 풀어진 단추를 여미는 것

목숨처럼 매달린
그 단추의 구멍에서 나오는
숨소리를 듣는 것이다

W

W를 머리에 쓴 남자
당신에게 가는 발걸음,
움직이는 시(詩)
그래, 시(詩)는 움직이는 것이다
오늘밤은 잠시 내 이름을 내려놓고
W의 남자로 살고 싶다

채워지면 흔들릴 수도 있는 거지
흔들려 흐를 수도 있는 거지
닦지 마라
눈물도 세상 구경 좀 해야 하지 않느냐
한 잔 술에 나는 바위가 되지만
당신은 흔들린다
달콤한 먼지가 된다
바람이 풀어야 할 헝클어진 검불이 된다

당신 이름을 쓰다가
글자 귀퉁이가 날아갔네

당신은 웃고
나는 우네
부서진 글자 귀퉁이에서
목마르게 나는 우네

나를 쓰는 자가 머리 위에 있네

언청이의 노래

미당 서정주 시인은
스물세 해 동안 당신을 키운 건
팔 할이 바람이라고 하셨다

둑길과 들길
바닷가, 산꼭대기에서
부는 그 바람에
살(煞) 맞은, 급살(急煞) 맞은
들개 같은 내 입은
언청이가 되어
오늘도
하늘과 땅을 오가는 노래를 부른다

언청이의 노래 2

당신이 떠난 후,
떠난 자리에 남은 긴 머리카락 몇 올과
살비듬 몇 조각이
목숨처럼 한기(寒氣)에 떨며 숨 쉬고 있었다

가까이 다가가
호, 불어주었더니
쏟아지는 눈물보다
아픈 어둠이 먼저 내려와
호롱불로 흔들리는 나를 다시 켜고 있었다

효자봉을 오르며

길을 따라
사람이 가는 것이 아니라
사람이 길을 만들어 간다

오래전 네가 걸었을 그 길을
발자국 따라 내가 간다

임진강가에서 2

정오의 강이
낮달 따라 기울어 갑니다

위선과 거짓과 그 모든 원망과 애증도
삶과 죽음의 경계에서 진실이 됩니다

늘 곁에 당신이 있다면
보아도 보이지 않는 법

길고 가늘고 보드랍고 서글픈
달빛 그을음 같은 그리움을 칭칭 감고

나는 가난하고 외롭고 높고 쓸쓸한 선생
독백하는 침묵의 입

흰 뼈 같은 분필처럼
그 아련한 한마디 온몸으로 쓰다가
부러지고 가루가 되어

유해(遺骸)처럼 흘러흘러 강물로 되고 싶습니다

사랑하여 아프거나
사랑하지 않고 안 아프거나

황혼에 떠나보낸 사람
황혼에 기다려야 다시 볼 수 있기에

강물처럼 떠난 사람
강물처럼 기다립니다

외롭다는 것은 마른 것입니다
흰 섬 같은 유년의 치아(齒牙) 사이로
해풍처럼 당신이 들어오고 나가는 것입니다

존재를 향한
부재의 반란을
남아서 살아 있는 사람들은 견뎌야 합니다

춥고 배고픈 사람들의 오가는 문장은
언제나 비수(匕首)처럼 짧았습니다

파도치는 바다를 건너
'아직도(島)'를 지나 '그래도(島)'라는 섬을 거쳐야
이 강에 이릅니다

추억과 회한의 굽이를 돌아
다시 그리움의 언저리에서
갈대처럼 온몸으로 흐느껴 우는,

지금 여기는 임이 저물어가는 강
당신이 황혼과 함께 지는 강
임진강입니다

황달

—병상일기

교정에 모란꽃 철쭉
지천으로 피고 지는 줄도 모르고
스물닷새 가까이
얼마나 속으로 삭혔을까

일상의 피곤한 음계를 오르내리며
열꽃을 피워 올렸건만
우리네 세상이란, 사람이란
이다지도 분주하고 어리석고
독하더라

그래, 참다 참다
지 혼자 흐느끼다가 흐느끼다가
이 녀석, 노랗게 샛노랗게
온몸으로 울음보 터뜨린 게야
온몸에 달꽃멍으로 물들인 게야

귀와 눈이 추적추적 새벽 비에 젖는 날

나는 국어선생도,
시인도 아닌
지독한 에이형 간염에 황달을
앓고 있는
순한 한 마리 온전하고 아픈 짐승

달 밴 배를 부여잡고
성모병원 9105호 창밖 바라보며
뜻 모를 설움이며 슬픔이며 회한에
핏빛 간처럼 울었다

봄

바람의 꽃신이
있어

맨발로 오시는

임이
있다

봄눈

이제 무슨 일이 일어날까

백색의 음모(陰毛) 위에
켜켜이 쌓인 음모(陰謀)들이
자기들끼리 소곤거리며
야시시
흩날린다

뜨거운 풍경

2012 마지막 고입 선발고사 1교시 감독
눈다운 눈이, 설레는 첫눈이 펑펑 내리던 날
산과 도시를 덮고
학교 운동장을 홑이불처럼 덮은 날

고등학생으로 보이는 대여섯 명 아이들이
신발을 끌며 때로는 나뭇가지로
큼지막하게 써놓은 원시문자
S E X
소현 ♡ 광호

몸서리치게 몸과 마음이 추운 날
화끈하게 노는 저 아이들
학교 운동장에 거하고 무식하게 싸갈긴 욕구
어쩔 수 없이 백색의 운동장 위에 싸버린
거칠고 무서운 욕망

대책 없이 뜨거운

소현 ♡ 광호

속닥거리며 키득거리며 내리는 눈발이
민망하고 두려워
몇 녀석은 글씨를 피하고
몇 녀석은 펑펑펑 쏟아지는 함박눈이 되어
폭 폭 폭 덮고 있었다

눈물
—안면도 '꽂지'에서

바다가 눈에 들어왔다
붉은 해일이 밀려온다

눈물 2

대책 없이
넋이 나간
무늬가
흐른다

거지

우리들은 모두 거지

알거지
팔아먹은 거지
안 거지
아무것도 아닌 거지
거지 중에 진짜 거지
진 거지
뚱뚱한 거지
돈(豚) 거지
세상에서 제일 유식한 거지
알고 있는 거지
알거지
하찮은 거지
지랄하는 거지
죽는 거지
슬픈 거지
기쁜 거지

웃긴 거지
좋은 거지
행복한 거지
세상에서 제일 힘든 거지
업고 갈 거지
소름 돋는 거지

당신은 어떤 거지이신지요

우리도(島)

너와 나
사이에
섬이 있다

우리도(島)

그래서
외롭지
않다

제4부

목련, 지각하다

사월,
교정(校庭) 목련에게 꾸중하다

왜 늦게 왔냐고
왜 이리 내 마음을 태우냐고
내가 아프다고,
아프다고……

목련,
고개 떨구고
소리 없이
하얗게 하얗게 울다

달과 위성 안테나

눈으로도 카메라로도
도저히 담을 수 없는 것이 있다

바로 저 달이다

창살에 매달린 귓바퀴가
달을
수신하고 있다

밀월(蜜月)

새벽 세수하려 대야에 물을 받았다
마음에서 바람이 분다
물이 일렁인다
물속에
노란 달이
떴다

그리움

임진년(壬辰年) 마지막 달이다

벙어리 달이다

마지막 밤에 옷고름 푼 달이다

흐느끼다가 달무리로 얼룩진 달이다

네가 보일락 말락 하는 달이다

너에게

어린 날 색시 순이의
반달 같던 손톱이
봉선화 꽃물로 지듯
하루해가 지고

초저녁 초승달이 올라오면
너는 아프다고 말하고
나는 보고 싶다고 말한다

발에서 싹이 자라다

발목 인대가 고무줄처럼 늘어나
깁스 하고 백양목 붕대를 칭칭 감았다

서재에 피어 있는
소복 입은 치자꽃 색이다

아프다
발에서 싹이 자란다

치자꽃잎 하나 떨어진다

부용천에서

부용천에 나오면

옆자리 사내가 피우는

담배의 한숨 소리조차 향긋하다

그 누구 하나

저 바람을 소유하려 하지 않는다

그래서 바람이다

비행(飛行)

살아 있으니 걱정하고
죽어서는 추억한다
살아온 날을 뒤로하니
이제 살아갈 날이
멀지 않았다
외로워 사진 한 장 더 찍었다
구름은 세상을 덮고
나의 날개는 구름을 덮으려면
더 자라야 했다
삶을 휘돌아온 황혼의 머리카락이
펜 끝에 묻어 있다
너의 휴대폰 불빛이 잠시 휘청인다
창공에서 잠시 하느님이 되어 본다
이륙과 활강을 반복하다가
늙고 지치는 게 인생이다
사랑이여,

슬픈 괴물의 악몽

꿈에
자주
사람들이
보인다

닥치는 대로
닥치고
읽었다

너,
시집(詩集)을

시집을 읽으며

오늘도 시집 한 권을
밥처럼 먹었다

읽다가 책날개와 갈피에 튄 커피 자국이
갈색 피처럼 얼룩져
마른 생각에 잠겨 있다

시집이 향초처럼 타고 있다

애꾸눈

당신들은
별 두 개를 간직하고 있군요
나는 하나입니다
하나는 당신 바라보다
잃었어요
나는 별 하나
애꾸눈입니다

연정

큰일 났다
비가 오면 무조건 당신을
만나고 싶다고 말했다

먹구름 떼가 눈치를 채고 내려온다
장마가 시작되려나 보다

가을에

문 꼭꼭 닫아라
그리움이 밀려온다

하염없이 내다보던 문틈으로
그리움 밀려와
잠 못 이룰 때

그만큼 길고 긴
겨울을 보내야 하리

외등(外燈)

설악 아이파크콘도 1331호
베란다 귀퉁이에 무딘 귀를 세우고

살을 에지는 않지만
마음을 녹이고 흔드는

해풍에
토끼 눈으로 밤을 새운

해가 떠도 꺼지지 않는
누구냐, 너는.

일요일의 고요

하늘 무서운 줄 모르고
술 무서운 줄 모르고
부모 무서운 줄 모르고
계집, 사내 무서운 줄 모르고
위로 앞으로
빳빳하게 섰던 청춘이
낮게 엎드려 있다

오늘만은 태양이 침묵하며
느긋하게 황금 똥을 눈다

학교를 떠나며

세 번 울었습니다
마지막 겨울방학 방과 후 수업 때 한번,
졸업식 때 한번
짐 나르면서 한번
학생들이 없으니
감당해야 할 무게가 꽤 됩니다
17년간 스스로 부려놓은 짐은
온전히 나의 몫
중앙 현관부터 3학년 교무실까지 80계단
3학년 교무실에서 중앙 현관까지 다시 80계단
3학년 교무실에서 3학년 1반 교실까지는 88걸음
묵언 수행하듯
묵묵히 다섯 번을 오르내렸습니다
책들과 짐들의 무게보다
쏟아지는 눈물의 무게가 어찌 그리 무겁던지요
이제 살아온 날보다
살아갈 날이 얼마 남지 않았기에
새처럼, 먼지처럼

가볍게 살아가렵니다
많이 가진 자와 짐 진 자는,
떠날 때와 내려올 때
감당키 어렵고 힘겨운 법
여기는 경민고등학교 3학년 교무실
한바탕 겨울 소나기가 내려
잠시 숨을 고르는 중입니다

편지

기억은 장소를 만들고
사람을 소환한다

갈피를 못 잡는
눈먼 서재
어느 책갈피에 사는 서신(書信)이
저물녘 술처럼 올라온다

반딧불처럼 숨쉬는
이다지도
이토록
그토록
반짝이는 것이여

해설

잠자는 혀의 얼굴을 내민 슬픈 괴물의 시 쓰기

우대식 시인

김선용의 시집 『나비가 지나간 자리처럼』은 어떤 것에 대한 간절한 지향으로 가득 차 있다. 여기에서 어떤 것이란 생활인으로 살면서도 끝내 포기할 수 없는 정신적 가치이며 좀 더 분명히 말하면 내면에 출렁이는 시를 향한 염원이라고도 할 수 있다. '들림'의 형식으로 시인의 삶을 지탱해온 시란 무엇인가에 대한 질문에 대한 답이 이 시집이라는 말로 바꾸어도 무방할 것이다. 그가 자꾸 뒤를 돌아보는 것도 삶과 시라는 형식이 과연 조화로운가 하는 회의와 함께 결백성을 동시에 지니고 있기 때문이다. 시적 주체로서 어떻게 살아갈 것인가 하는 문제는 '시인의 말'에 분명히 나와 있다.

한 남자가 지나간 길을
온몸으로 따라 갑니다.

나도 뒤에 오는 그 남자의
그 남자가 지나간 길이 되겠지요.

있는 길을 가는 것이 아닌,
길은 만들어 가는 것

내 몸에 길이 생겨
멀리서 오시는 분이 있습니다.

—「시인의 말」 전문

시의 길이란 누군가의 길을 따라가다가 어느 순간 자신의 길을 가게 된다는 발언은 그리 새로운 것이라 할 수 없지만 그 이후의 발언은 문제적이다. "있는 길을 가는 것이 아닌,/길은 만들어 가는 것"이라는 단호한 선언은 시적 주체로서의 자기 확인의 의미를 띤다. 이 자기 확인은 역설적이게도 자아분열을 동반한다. "내 몸에 길이 생겨/멀리서 오시는 분"이라는 진술은 시적 주체의 자기갱신의 욕망을 보여준다. 내 몸에 길을 내는 자도 멀리서 오시는 분도 모두 자신인 까닭이다. 멀리서 오시는 분은 갱신된 시적 주체이며 동시에 사물화하면 시의 다른 이름이라 할 터이다. 이 순정한 시적 수체의 고백이 이 시집의 배음으로 흐르고 있다.

강물 같은 편지를 받았다

사랑을 훔친 소년
더 이상 자라지 않는
열아홉 소년의 순정이
저 눈발과 함께
소멸해 가고 있다

고통도 살아있어
죽어가는 것도 축복이라며
한 몸 부서지고 있다

배고픈 아이
기도하는 아이
간절한 아이

달을 따먹으려
노모의 집 쓸쓸한 안마당에서
때로는 천보산(天寶山) 내다뵈는

아파트 갈비뼈에 매달려
홍시처럼 오십일 년을 살아온 소년

이제 그 소년을 따먹은
흰 낮달이 지고 있다

—「달과 소년」 전문

이 시는 연대기적 자화상의 형식으로 되어 있다. "강물 같은 편지"는 시적 화자의 삶의 범주이며 포기할 수 없는 가치 실현의 장이라 할 수 있다. 소년에서 장년에 이르는 시간 동안 그를 매혹하고 추동했던 실체가 바로 "강물 같은 편지"라 할 수 있다. 물론 이 편지란 구체적 사물로서의 그것이 아니라 시적 화자 스스로 보내고 받은 자기 고백과도 같은 것이다. 이 자기 고백의 염결성은 "열아홉 소년의 순정"이 "홍시처럼 오십일 년을 살아온 소년"으로 지나온 과정에서 그 변용을 허락하지 않는 태도에서 여실히 드러난다. "사랑을 훔친 소년"이 더 이상 자라지 않는 것과 오십일 년을 소년으로 살아온 이유가 이 "순정" 때문이다. 순정이 "눈발과 함께/소멸해" 간다는 것은 대상을 향해 바쳐진 전일성 때문이다. 그랬을 때 "죽어가는 것도 축복"이 될 수 있다. 여기서 죽어 가는 것이란 신성한 대상을 향한 제의적 성격을 지닌다. 신성한 대상의 상징이 바로 "달"이다. "소년을 따먹은" 달의 상징은 추론컨대

시의 다른 이름이다. 그런 의미로 달은 매혹이며 죽음인 셈이다. 버릴 수 없는 궁극의 상징인 것이다.

> 언어(言語)가 나를 지고
> 말을 타고 간다
>
> 언제나
> 하늘과 바람에 먼저 닿는 것은
> 얼굴이다
>
> 잠자는 혀의 얼굴을 내밀어
> 말하고 싶다
>
> —「시(詩)의 고백」 전문

이번 시집에서 시를 대상으로 한 메타적 시편들이 많은 것은 시적 화자의 자의식에 새겨진 시라는 이름의 강렬한 상처 혹은 기호 때문이다. 구조주의는 인간의 사유라는 것도 언어의 구조 속에서 가능하다고 말한다. 예술은 궁극적으로 은유화된 세계로서의 언어를 넘어서려고 한다. 시의 언어가 일상어를 사용하면서도 이면의 복잡성을 가지는 것은 원시 언어에 대한 욕망을 가지고 있다는 것을 의미한다. "언어(言語)가 나를 지고/말을 타고 간다"는 것은 언어로 사유하는 인간의 운명과도 같은 일일 터이다. 들뢰즈는 재인된 것으로서의 현상계는 지층화된 것이며 진정한 사유는 인식능력 너머에서 비롯된다고 말한다. 감각은 되지만 인식능력으로 파악될 수 없는 상태에서 사유는 시작된다는 것이다. 이 짧은 시의 마지막 연은 들뢰즈가 그토록 경외해 마지않던 화가 베이컨의 그림을 떠올리게 한다. 감각만 있는 덩어리로서의 육체 이미지를 통해 삶의 에너지를 뿜어내는 형식을 취하고 있다. "잠자는 혀의 얼굴을 내밀어/말하고 싶다"는 고백적 진술은 보이지 않는 것들을 감각하려는 욕망을 보여준다. 다른 시에서 "살아야겠다/달의 뼈가 일어선다"(「시작(詩作)」)라고 말하고 있는 부분도 역시 마찬가지이다. "달의 뼈가 일어선다"는 은유는 시적 화자의 감각에 걸린 시의 이미지라는 말 이외에 다른 것으로는 설명이 어렵다. 이것은 시적 화자가 시라는 관념을 본질적인 것에 대한 탐구라고 생각하고 있기에 가능한 일이다. 이러한 지점에 대한 고뇌의 향방이 시인에게 중요한 과제가 될 터이다.

정오의 강이
낮달 따라 기울어 갑니다

위선과 거짓과 그 모든 원망과 애증도
삶과 죽음의 경계에서 진실이 됩니다

늘 곁에 당신이 있다면
보아도 보이지 않는 법

길고 가늘고 보드랍고 서글픈
달빛 그을음 같은 그리움을 칭칭 감고

나는 가난하고 외롭고 높고 쓸쓸한 선생
독백하는 침묵의 입

흰 뼈 같은 분필처럼
그 아련한 한마디 온몸으로 쓰다가
부러지고 가루가 되어
유해(遺骸)처럼 흘러흘러 강물로 되고 싶습니다

사랑하여 아프거나
사랑하지 않고 안 아프거나

황혼에 떠나보낸 사람
황혼에 기다려야 다시 볼 수 있기에

강물처럼 떠난 사람

강물처럼 기다립니다

외롭다는 것은 마른 것입니다
흰 섬 같은 유년의 치아(齒牙) 사이로
해풍처럼 당신이 들어오고 나가는 것입니다

존재를 향한
부재의 반란을
남아서 살아 있는 사람들은 견뎌야 합니다

춥고 배고픈 사람들의 오가는 문장은
언제나 비수(匕首)처럼 짧았습니다

파도치는 바다를 건너
'아직도(島)'를 지나 '그래도(島)'라는 섬을 거쳐야
이 강에 이릅니다

추억과 회한의 굽이를 돌아
다시 그리움의 언저리에서
갈대처럼 온몸으로 흐느껴 우는,

지금 여기는 임이 저물어가는 강

당신이 황혼과 함께 지는 강
임진강입니다

—「임진강가에서 2」 전문

유장한 고백적 진술로 이루어진 이 시는 시적 화자의 내면 풍경을 가감 없이 보여주고 있다. 특별히 오마주 형식으로서 시인 백석을 떠오르게 하는 구절들은 시적 화자의 지향을 감지할 수 있게 해준다. “나는 가난하고 외롭고 높고 쓸쓸한 선생”은 백석의 시구를 그대로 옮겨온 것이며 이는 남신의주 외진 곳에서 자신과 시를 골똘히 생각하던 백석에 대한 동경을 그대로 담고 있는 것이기도 하다. 백석이 남신의주에서 그러했듯 시적 화자는 임진강가에서 자신의 생을 돌아보고 있다. 지금 여기 없는 “당신”에 대한 사유는 생의 진실이 무엇인가 하는 물음에 끈이 닿아 있다. “늘 곁에 당신이 있다면/보아도 보이지 않는 법”이라는 경구와 같은 진술은 “당신”은 멀리 있다는 의미이며 따라서 늘 당신을 생각한다 혹은 본다는 의미일 터이다. 물론 당신이란 구체적 인물로서의 무엇이 아니라 지향하는 추상적 관념일 가능성이 높다. 더군다나 백석의 시 구절이 와 있다는 사실에서 당신은 시와 관련된 관념일 가능성이 높다. 시적 화자는 자신을 백석과 같이 쓸쓸한 존재이며 “독백하는 침묵의 입”을 가졌다고 말하고 있다. 마치 백석이 재만 남은 화로 위에 썼다가 지우는 글처럼 독백과 침묵으로 세계를 바라보고 있는 것이다. 그리고 "유해(遺骸)처럼 흘러흘러 강물로 되고 싶"다고 고백한다. 이는 「달과 소년」에서 "강물 같은 편지를 받았다"는 구절과 상응하는 것이다. '흐른다'는 운동성은 시적 화자의 심리적 상태를 보여주는 것으로 자신의 마음의 결을 따라 자연스러운 방향으로 옮겨가는 것에 대한 지향을 뜻한다. 거기에는 어떤 걸림이나 장애가 있을 수 없다. "강물처럼 떠난 사람/강물처럼 기다"린다는 고백은 "가난하고 외롭고 쓸쓸한" 처지를 감내하면서 당신과 시를 기다린다는 의미일 터이다. "외롭다는 것은 마른 것"이라는 구절에서 외롭다는 것이 슬프다는 것과는 변별된다는 것을 알 수 있다. 마른 상태에서 "해풍처럼 당신이 들어오고 나가는 것"이다. 결국은 외로워야 당신과 거리를 두는 것이며 궁극적으로 당신을 만나는 것이다. "존재를 향한/부재의 반란을/남아서 살아 있는 사람은 견뎌야 합니다"는 진술은 존재 혹은 실재를 향한 힘이 부재에서 비롯된다는 각성을 보여준다. 존재에 역행하는 힘으로서 부재는 가시적으로 그리 보일 뿐이지만 실제는 존재를 가능케 하는 힘이 부재에서 비롯된다는 말이다. 당신이 부재하는 이유도 여기에 있다. 궁극적 지향점으로서 강은 "파도치는 바다를 건너/'아직도(島)'를 지나 '그래도(島)'라는 섬을 거쳐야" 도달하는 곳이다. 그것은 영원이라는 시간성과 함께 견인이라는 생의 태도를 동시에 뜻하는 것이다. 시인 백석을 오마주한 다른 시 「내가 사랑하는, 나타샤는 계실 것입니다」의 제목에서 보듯 시적 화자가 끝없이 흐르겠다고 다짐하는 것은 나타샤가 있을 것이라는 믿음 때문이다. 나타샤는 당신의 대리적 성격을 띠고 있다.

당신들은
별 두 개를 간직하고 있군요
나는 하나입니다
하나는 당신 바라보다
잃었어요
나는 별 하나
애꾸눈입니다

—「애꾸눈」 전문

이 시에 등장하는 "당신"도 시적 화자의 입장에서는 절대적 존재에 해당한다. 일반적 존재들이 두 개의 별을 가진 반면 시적 화자는 하나의 눈밖에 없다는 시적 진술은 의미심장한 의미망을 가진다. 눈 하나를 잃게 된 계기가 당신으로부터 비롯되었다는 데서 "당신"은 영원한 탐구의 대상이라는 사실을 알 수 있다. 더 중요한 사실은 당신은 여기에 존재하지 않는다는 것이다. 당신을 바라본다는 진술은 따라서 보이지 않는 당신을 찾아간다는 의미이다. 당신을 향한 순교적 태도가 "애꾸눈"이다. 당신을 향한 핍진한 지향은 또다시 시로 환원될 수 있다. 당신 바라보기는 시 바라보기와 상통하며 “애꾸눈”은 어떠한 정신적, 물리적 고통도 감내하겠다는 의지 표상이 되는 까닭이다. 이러한 극한의 설정은 다음과 같은 시를 탄생시킨다.

꿈에
자주
사람들이
보인다

닥치는 대로
닥치고
읽었다

너,
시집(詩集)을

—「슬픈 괴물의 악몽」 전문

인용 시를 보면 시집을 읽는 행위가 독서라는 것을 넘어서 실존의 확인에 가까운 것이라는 보여준다. 꿈에 보이는 사람들이 어떤 부류의 사람들인지는 정확히 알 수 없지만 시집을 읽지 않을 수 없게 만드는 존재라는 점은 분명하다. 시에 대한 강박이 보이는 것은 시에 대한 욕망의 투사라 할 것이다. "닥치는 대로/닥치고/읽었다"는 극한의 시집 읽기는 시에 대한 반성이며 시에 대한 복무에의 의지라 할 수 있다. 시 제목인 "슬픈 괴물의 악몽"은 극한에 자신을 몰아넣지 않으면 도달할 수 없는 시에 대한 열망의 다른 표현이다. 당신은 보이지 않는 실체이며 보이지 않는 것을 보기 위해 싸움에 나선 자신은 괴물이 될 수밖에 없음을 이 시는 보여주고 있다.

김선용의 시집은 자신에게 시란 무엇인가에 대한 집요한 질문의 형식을 통하여 궁극의 시에 도달하고 싶다는 욕망을 핍진하게 보여준다. 그러한 자신의 모습을 슬픈 괴물이라고 자조적으로 드러내기도 하지만 이는 역설이다. 이규보가 시마(詩魔)를 이야기하며 시에 미친 자들의 병폐를 조목조목 따져 드러냈지만 이는 시를 쓰는 자부심의 이면을 가지고 있었던 것과 같다. 이 투철함이 시인을 더 먼 곳으로 끌고 갈 것이다. 젊은 날 시 쓰기에 몸을 떨며 술잔을 나누던 기억을 되살리는 것으로 시 이야기를 마친다.

테이블에 둘러앉아
칫솔질하듯
맨살로 밤의 이빨을 하얗게
마찰하였다

그 시절,

푸른 기억의 혀가

이빨 사이로 쏟아져 나왔다

너와

나의

잔(盞)이 찰랑거렸다

—「기억」 전문

문학의전당 시인선 352

나비가 지나간 자리처럼

ⓒ 김선용

초판 1쇄 인쇄 2022년 10월 7일
초판 1쇄 발행 2022년 10월 14일
지은이 김선용
펴낸이 고영
디자인 헤이존
펴낸곳 문학의전당
출판등록 제448-251002012000043호
주소 충북 단양군 적성면 도곡파랑로 178
전화 043-421-1977
전자우편 sbpoem@naver.com

ISBN 979-11-5896-563-1 03810